NOTICE

SUR

JEAN SAINT-SERNIN.

NOTICE

SUR LA VIE ET LES TRAVAUX

DE JEAN SAINT-SERNIN,

Premier Instituteur en chef de l'Institution royale des Sourds-Muets de Bordeaux.

———

DISCOURS

PRONONCÉ DANS LA SÉANCE PUBLIQUE ANNUELLE DU 27 AOUT 1844,

Par M. VALADE-GABEL,

Directeur de l'Établissement.

BORDEAUX.

IMPRIMERIE DE LAVIGNE,

Allées de Tourny, 7.

———

1844

NOTICE

sur la vie et les travaux

DE JEAN SAINT-SERNIN,

Premier Instituteur en chef de l'Institution royale des Sourds-Muets de Bordeaux.

———•———

MESSIEURS,

Entre les principales cités de la France, Bordeaux se distingue par la beauté de ses édifices, et plus encore par le nombre et l'utilité des monumens qu'il a élevés dans son sein à la bienfaisance; l'active charité dont ces monumens sont la preuve, n'est autre chose qu'un effet naturel de la gratitude de sa population envers la Providence qui, si long-temps, y fit affluer par le commerce les trésors de toutes les parties du monde. Heureux les peuples qui ne se laissent point corrompre par les richesses! heureux les riches qui, loin de se renfermer dans une étroite et froide personnalité, tendent aux délaissés et aux pauvres une main secourable !.

Quelle ville possède des hôpitaux mieux appropriés à leur destination, des hospices pour tous les âges et pour toutes les infortunes, plus convenablement dotés ! Quelle est celle qui montra jamais plus d'empressement que Bordeaux quand il s'agit de créer pour l'ouvrier sans travail et le commerçant dans la gêne, un établissement qui les sauve de l'étreinte des usuriers : une caisse d'épargne en faveur des classes prévoyantes et laborieuses ; une association de secours mutuels au profit des pères de famille dont l'honorable fierté répugne à accepter les dons de la charité publique ? Enfin, Messieurs, et je le rappelle avec un sentiment particulier de gratitude, Bordeaux ne fut-il pas la première ville qui, non contente d'admirer les prodiges de l'abbé de l'Épée, voulut ouvrir une école aux infortunés que la nature a privés des facultés les plus utiles aux relations de la vie morale.

Honneur à l'illustre prélat qui conçut cette noble pensée ! Honneur à celui dont il fit choix pour réaliser sa conception ; mais honneur, honneur aussi à M. Saint-Sernin, à cet homme modeste et peu connu dont l'abnégation, la constance, et le courageux dévoûment ont assis sur des bases solides ce remarquable monument de la philanthropie bordelaise !

L'attention publique se fixe volontiers sur tout ce qui brille, séduit, étonne ; aussi l'abbé Sicard parut-il destiné à faire oublier l'homme de génie qui le premier en France réhabilita le sourd-muet. Mais l'histoire ne sanctionnera point le jugement irréfléchi de ses contemporains : elle verra dans l'abbé de l'Épée le Vincent de Paule des sourds-muets, le créateur de la méthode française ; et dans l'abbé Sicard, son disciple le plus brillant, celui qui, par un véritable talent d'écrivain, une imagination orientale, une élocution souple, abondante et facile, attira de plus en plus la faveur publique sur une œuvre qui, de sa nature, intéressait à la fois la foule par sa nouveauté, les cœurs religieux par le bien qu'elle devait répandre, les penseurs et les philosophes par le démenti qu'elle donnait aux théories de leurs prédécesseurs.

J'aime à rapprocher ces deux hommes si peu semblables d'humeur, de goût, de caractère, que j'étudie dans leurs travaux et dont l'appréciation devient chaque jour plus complète; mais quelque instructif que dût être ce parallèle, ce n'est pas le sujet qu'aujourd'hui nous voulons traiter. Nous nous croyons plus sûr de nous concilier votre bienveillance et vos sympathies, en rendant enfin justice à Saint-Sernin, véritable fondateur de l'école de Bordeaux, dont les travaux sont peu connus, le nom presque entièrement ignoré : nous ne craignons pas cependant de le dire, les qualités de son cœur, la solidité de son jugement, sa persévérance, et son dévoûment lui méritent, dans notre reconnaissance, la première place après l'abbé de l'Épée.

Jean Saint-Sernin naquit vers 1740, à Saint-Jean-de-Marsac, Basses-Pyrénées, d'une famille patricienne mais sans fortune; peu porté par ses goûts vers le commerce auquel son père s'était forcément livré, avide d'instruction et trouvant difficilement autour de lui les moyens de compléter la sienne, Saint-Sernin s'adonna avec un soin particulier aux études géographiques. A la lecture d'un voyage de découvertes sa jeune tête s'enflamma; la peinture de la vie de marin, toujours périlleuse et souvent poétique, séduisit son imagination de vingt ans, et, résolu de parcourir cette carrière, il arrivait à Bordeaux en 1761, léger d'argent, mais riche d'espérances.

Ses illusions se dissipèrent une à une, et ses ressources plus vite que ses illusions. Admis sur quelques recommandations dans une étude de notaire, il s'y perfectionna dans l'art de l'écriture, et ne tarda pas à en donner des leçons. Dès ce moment sa véritable vocation se révèle : s'entourer de jeunes enfans, s'en faire aimer et les instruire, développer en eux, avec les facultés intellectuelles, le sentiment moral et religieux, telle est la tâche de l'instituteur primaire ; et telle est celle que s'imposa Saint-Sernin. 1774 le vit à la tête d'un établissement réunissant douze pensionnaires et cinquante externes.

On sait que les professeurs d'écriture formaient à Bordeaux, depuis 1636, un corps de maîtrise ayant ses statuts et ses priviléges ; le monopole de l'instruction primaire leur avait été assuré ; mais les frères ignorantins furent introduits dans la ville, et bientôt le corps des écrivains, blessé dans ses prérogatives et surtout dans ses intérêts, fit entendre les plaintes les plus énergiques ; sans égard pour le bien que faisaient les frères, il poursuivit la suppression de leurs écoles. La mesure était violente, Saint-Sernin le sentit et consigna ses réflexions dans un mémoire fort bien pensé qu'il adressa à ses confrères. Ce mémoire fit sensation. L'abbé Sicard, qui jouissait alors d'une demi-prébende à Saint-André, noua avec Saint-Sernin d'étroites relations, et lorsque, sur l'invitation de Mgr Champion de Cicé, il se rendit à Paris auprès de l'abbé de l'Epée, les deux amis se promirent de correspondre ; l'abbé Sicard devait expliquer dans ses lettres tous les procédés de l'inventeur ; il tint parole, et Saint-Sernin saisit la méthode avec tant de facilité qu'au retour de l'abbé Sicard leur première conversation se fit par signes méthodiques.

L'instituteur était formé, une circulaire adressée à

MM. les curés du diocèse les invitait à envoyer à Bordeaux les sourds-muets de leurs paroisses, quand une circonstance imprévue vint tout arrêter. M. Champion de Cicé se proposait d'appliquer à l'entretien de la nouvelle école les biens des Pères de la Merci, dont il avait obtenu la sécularisation; mais les Merçaires trouvèrent un appui dans M. de Saint-Priest, alors ministre, et l'Ecole des sourds-muets perdit sa maison et ses revenus avant même d'en avoir pris possession. A cette fâcheuse nouvelle, l'abbé Sicard, désespéré, courut chez son ami; que se passa-t-il dans les fréquentes entrevues qu'ils eurent durant plusieurs jours? nous l'ignorons; mais toujours est-il que peu de temps après, Saint-Sernin, homme de sens, père d'une nombreuse famille, renonçait à un état lucratif pour se mettre à la tête d'une entreprise qui semblait frappée de mort dès sa naissance; il louait, rue Capdeville, à ses périls et risques, une maison dont l'abbé Sicard et Mgr de Cicé avaient fait choix pour l'ouverture de l'Ecole des sourds-muets.

Le 20 Février 1786, les premiers élèves arrivèrent, et vers la fin de cette même année l'Ecole en comptait vingt-deux, venus de divers points de la France; la plupart de ces malheureux étaient couverts de haillons. Le mélange déplut aux parens des pensionnaires que Saint-Sernin avait conservés, et bientôt son école ne compta plus que des sourds-muets.

Mme Saint-Sernin montra, dans cette occasion difficile, tant de douceur, de patience, et de résignation, qu'on crut que c'était elle qui avait entraîné son mari dans cette honorable mais aventureuse entreprise; vous le voyez, Messieurs, je fais une histoire, et non point un panégyrique. Saint-Sernin est un de ces hommes qu'on loue toujours assez en racontant naïvement leur conduite.

Bientôt il fallut avoir recours à la libéralité publique.
— L'appel fut entendu et ne pouvait manquer de l'être
dans une ville où la bienfaisance est le trait dominant du
caractère public. Trois élèves seulement appartenaient à
des familles en état de payer leur pension ; tous les autres
furent successivement adoptés par l'Archevêque, le premier Président, M. de Spens de Lancre, le Musée de Bordeaux, la Société philanthropique, le Cercle de Tourny,
des sociétés de négocians ; enfin, par des associations
spontanément formées dans cet objet entre des personnes
de tous les rangs.

Pour témoigner sa gratitude et justifier tant de confiance, l'Ecole, qui avait déjà produit au Musée plusieurs
élèves, fit un premier exercice public les 12 et 15 Septem-
bre 1789 ; l'abbé Sicard y présida, ou, pour mieux dire,
en fit seul les frais. Toutefois, une note insérée au pro-
gramme avertit le public que la première partie du cours
d'instruction, comprenant les notions de grammaire, de
calcul, de géométrie élémentaire, de sphère, de géogra-
phie, et même de métaphysique, avait été l'objet des
soins spéciaux de Saint-Sernin. Quelle part restait-il donc
à l'abbé Sicard ? — les seules notions de religion et d'histoire sainte.

On nous pardonnera ces détails : il fallait au début des-
siner clairement le rôle échu à l'associé d'un homme qui
sut long-temps attirer et fixer exclusivement sur sa per-
sonne l'attention du monde savant.

Ces premiers succès, dont Saint-Sernin pouvait à bon
droit revendiquer la meilleure part, valurent à l'abbé Sicard le titre d'instituteur royal et un traitement de 1,200
livres sur la caisse municipale. Chaque jour les bienveillantes dispositions des Bordelais se traduisaient en de
nouveaux dons ; mais, hélas ! la tourmente révolution-

naire vint ébranler l'ordre social, les événemens politiques absorbèrent tous les esprits, et l'Ecole n'eut bientôt plus d'autre soutien que ses instituteurs eux-mêmes.

Vers la fin de 1789, l'abbé Sicard se rendit à Paris et ne tarda pas à devenir le successeur de l'abbé de l'Epée qui, trop tôt enlevé à sa famille adoptive, n'avait pu donner à son œuvre la perfection que son génie avait rêvée.

Dès ce moment, Saint-Sernin demeure complétement abandonné à ses propres forces; privé de la compagne fidèle dont les conseils l'avaient décidé à tenter sa périlleuse entreprise, père de quatre enfans en bas âge et chargé seul de pourvoir aux besoins des sourds-muets que leurs généreux bienfaiteurs avaient forcément abandonnés, Saint-Sernin se roidit contre l'adversité; le malheur a doublé ses forces et son courage; il trouve le moyen de suffire à tout.

D'abord la municipalité, cédant à ses sollicitations obstinées, lui accorde quelques secours; bientôt le directoire départemental, ne pouvant plus révoquer en doute la réalité de ses succès, vote une subvention temporaire de 6,000 fr., et concède provisoirement à l'école les bâtimens devenus disponibles par la suppression des Minimes.

Quel que fût l'éloignement de cet homme paisible pour l'agitation de nos assemblées révolutionnaires, on le vit, pour conjurer la disette qui commençait à se faire sentir, devenir membre du comité des subsistances; et non content d'avoir mis en gage ses effets les plus précieux pour apaiser la faim de sa famille adoptive, passer toutes les nuits à la porte des distributeurs des vivres.

On ne peut se défendre d'un attendrissement profond quand on jette les yeux sur sa correspondance de 1795 à

« Cette lettre, écrivait-il à la Commission des Secours
» publics, le 30 Messidor an III, cette lettre, comme tou-
» tes les précédentes, lue froidement à cent cinquante
» lieues de Bordeaux, ne sera qu'un papier jeté au hasard !
» Que ne suis-je à la proximité de Paris ! j'irais, non à la
» Commission, non au Comité des Secours, mais, accom-
» pagné de mes élèves, j'irais me présenter à la barre de la
» Convention ; la famine peinte sur le front de ces enfans
» serait plus éloquente et plus persuasive que toutes les
» péroraisons. »

Pour couvrir la nudité de ses élèves, il est réduit à de-
mander comme une grâce qu'on lui livre la défroque des
jeunes conscrits. C'est à peine si, pour les faire vivre,
ce qu'il reçoit de l'Etat équivaut à cinq centimes par
jour et par tête.

Il écrivait au Ministre de l'intérieur, en 1797 : « Je n'ai
» dans la cuisine de l'établissement qu'un buffet, une
» vieille armoire et la crémaillère ; les ustensiles de cui-
» sine et la partie du mobilier que j'avais fournis au ci-
» toyen Gallais (économe démissionnaire), j'ai été forcé de
» les vendre l'hiver dernier pour alimenter les élèves et ma
» famille, comme je vous l'ai marqué dans plusieurs let-
» tres ; les lits qui restent m'appartiennent, je n'ai rien
» qui soit à l'établissement, hors les objets de la classe et
» quatre tables au réfectoire. »

Je ne pousserai pas plus avant l'énumération doulou-
reuse des sacrifices que Saint-Sernin dut s'imposer ; sa constance dans le malheur, le courage, et le dévoûment dont
il fit preuve vous sont actuellement connus ; mais ce que
vous ne pouvez soupçonner encore, ce sont les luttes d'un
autre genre qu'il eut à soutenir pour préserver d'une ruine
toujours imminente l'institution qu'il avait si laborieuse-
ment formée.

Un mauvais génie s'acharne contre Saint-Sernin : on lui dispute la direction de l'école à laquelle il a sacrifié son repos, sa fortune, le bien de sa propre famille.

Il n'était pas assez savant, disait-on, pour accomplir une tâche si difficile, et cependant plus que l'abbé Sicard lui-même il avait contribué à former Massieu, cet élève si renommé à l'aide duquel le docte abbé obtint la position laissée vacante par le décès de l'inventeur ; l'accusation était donc absurde ; mais, en admettant que Saint-Sernin n'eût pas été assez savant, du moins il était assez charitable ; et le feu de la charité répand sur les œuvres de bienfaisance une clarté tout aussi sûre que les lumières de la sagesse humaine. M.ᵍʳ Champion de Cicé, alors Garde-des-sceaux de France, qui avait pu juger par lui-même le mérite de Saint-Sernin, résista à toutes les obsessions de l'intrigue, et le nomma directeur de cette institution naissante ; la municipalité de Bordeaux confirma d'une voix unanime le choix de l'illustre prélat.

Saint-Sernin ne se laissa pas enivrer de son triomphe. Il savait que l'envie grandit par ses propres défaites : elle lui fit expier jusqu'au moindre de ses succès.

Bientôt un rapport plein de calomnies est présenté à la Convention nationale qui le renvoie à son Comité d'instruction publique ; ce rapport concluait à la suppression pure et simple de l'institution de Bordeaux. C'en était fait de l'établissement, si un ami n'eût envoyé à Saint-Sernin une copie de cette diatribe ; il court la montrer à l'administration départementale. Partez, lui dit-on, partez avec le plus instruit et le dernier de vos élèves ; présentez-les à la Convention. Saint-Sernin, quelques jours après, était devant le Comité d'instruction publique avec Baudonnet et le jeune Palsy, qui, sévèrement examinés, lui valurent les éloges les plus flatteurs.

Le 18 Mars 1793, la Convention les faisait venir à sa barre, et, après avoir écouté la requête de l'instituteur et fait questionner en sa présence les élèves dont il était suivi, l'assemblée souveraine, par l'organe de son président, déclara que l'institution de Bordeaux était placée comme l'institution de Paris sous la protection de la France. Saint-Sernin, ivre de bonheur, se croyait le jouet d'un songe.

Le lendemain de ce mémorable événement, le journal de Paris, rédigé par Rœderer, contenait l'article suivant : « Sicard, le respectable instituteur des sourds-muets, a présenté à la Convention plusieurs de ses élèves, et leur a fait exécuter quelques-uns des exercices qui constatent leur étonnante instruction; la Convention a applaudi au maître et aux élèves avec une égale satisfaction. »

Baudonnet, sous les yeux duquel cet article était tombé par hasard, se lève au point du jour, et, à l'insu de son instituteur, court chez le journaliste dont il avait retenu l'adresse; parvenu non sans peine auprès de Rœderer, éveillé par cette singulière visite, le jeune sourd-muet lui dit naïvement : « Vous avez menti hier, citoyen, en attribuant à Sicard ce qui appartient à Saint-Sernin, mon maître. » Rœderer prit la chose en homme d'esprit, lia conversation avec le jeune sourd-muet, et lorsque Saint-Sernin, instruit de l'aventure, vint le prier d'excuser la rudesse naïve de Baudonnet, le journaliste fit le plus grand éloge de l'élève : « Cet enfant est trop heureux, ajouta-t-il, de ne point connaître de milieu entre le mensonge et la vérité. »

Nous dépasserions de beaucoup les limites d'une notice s'il nous fallait suivre et dénouer toutes les honteuses intrigues ourdies pour perdre Saint-Sernin, ou tout au moins pour le mettre hors d'état de remplir la tâche à la-

quelle il avait consacré sa vie. Heureusement la pureté de
sa conscience et le sens droit dont il était doué lui donnè-
rent toujours le calme, le courage, et la présence d'esprit
nécessaires pour déjouer les efforts de ses ennemis. Je-
tons un voile épais sur des passions mauvaises dont le ta-
bleau ne pourrait que nous attrister; aussi bien n'est-il
pas temps encore de faire justice du principal coupable,
quoiqu'il suffise pour cela de livrer à la publicité quelques
parties de sa propre correspondance.

L'abbé de l'Epée, avons-nous dit, mourut sans avoir
donné à sa méthode toute la perfection que son génie avait
rêvée.

L'extrême modestie de ce grand homme ne lui avait pas
permis d'apercevoir d'abord toute la fécondité des principes qu'il avait posés; d'ailleurs obligé qu'il était de dis-
perser tous ses élèves chez des maîtres de pension qui en
prenaient soin, il ne les avait pas assez constamment sous
les yeux pour étudier l'allure naturelle du langage pitto-
resque et passionné qui seul peut révéler à l'observateur
attentif la portée réelle de leur intelligence.

D'un caractère plus hardi, l'abbé Sicard comprit la portée des principes mis en pratique par l'inventeur; mais
loin de rester simple comme lui, il s'élança dans les hau-
teurs des théories métaphysiques et prétendit élever jusqu'à elles de pauvres enfans qn'il assimilait cependant à
des animaux sans raison.

Plus circonspect que l'abbé Sicard et plus heureux que
l'abbé de l'Epée, Saint-Sernin, qui passait la nuit et le
jour au milieu de ses chers élèves, put apprécier avec
plus de justesse la véritable portée de leur esprit, aussi ne
s'élança-t-il point dans les difficiles sentiers de la psycho-
logie; en observateur plein de zèle et de bonne foi, il étudia
les faits et les recueillit avec soin, non pour les torturer

et en déduire des conséquences favorables à des théories préconçues, mais pour les coordonner avec sagacité et en éclairer sa pratique. Moins soucieux de sa renommée que des intérêts de ses enfans adoptifs, il consacrait à l'enseignement tous les momens qu'il pouvait dérober à l'administration de son école. Le seul ouvrage qu'il entreprit de rédiger est un *Cours d'instruction pratique* auquel la mort ne lui permit pas de mettre la dernière main. C'est en feuilletant ce manuscrit que nous avons pu apprécier l'esprit de son enseignement. Jamais il ne fait usage de la décomposition mécanique des mots, procédé caractéristique de la méthode de l'abbé Sicard ; aussi, quoique la science grammaticale et les signes méthodiques forment la base de son enseignement, comme il a constamment recours à l'intuition des faits, qu'il sait appeler à son aide les signes naturels, et que des applications judicieuses éclairent toujours ses théories, la pratique de Saint-Sernin dut être infiniment plus féconde que celle de l'abbé Sicard. On n'est donc point surpris de le voir revendiquer hardiment dans cet ouvrage l'honneur d'avoir formé le célèbre Massieu, et d'être le premier qui ait trouvé le moyen de mettre le sourd-muet en état d'exprimer par l'écriture ses propres pensées. Ce point délicat sera peut-être un jour de notre part l'objet de recherches approfondies ; et si, comme nous sommes porté à le croire, les prétentions de Saint-Sernin sont fondées, on aura la preuve certaine que le cours d'instruction de l'abbé Sicard n'est qu'un roman philosophique, ainsi que l'a déjà fait observer le baron de Gérando.

Quoi qu'il en soit, le grand nombre des sujets d'élite qui sortirent de l'école de Bordeaux, sous la République et dans les premières années de l'Empire, constate d'une manière éclatante la supériorité de l'enseignement qu'on y donnait. Si grande que fût sa modestie, Saint-Sernin devait être saisi d'une légitime fierté en pensant à Col, Rambeau, Cheylat, Baudonnet, Palsy, Salcède, Bonnefous, Gard, Valentin, et une foule d'autres encore qui formaient autour de lui une sorte d'auréole vivante.*

A l'époque où la main puissante de Napoléon mit enfin un terme à l'anarchie qui, si long-temps avait désolé notre belle France, l'école de Bordeaux était toujours dans une pauvreté profonde, et l'enseignement n'y avait encore rien perdu de la splendeur qu'elle devait à Saint-Sernin. Toutefois cette splendeur touchait à son déclin.

En 1801, l'instituteur avait enfin obtenu la création des ateliers prescrits par la loi du 5 Janvier 1794, et dès-lors les élèves durent partager la journée entre les travaux manuels et les études du langage.

Vers le même temps un grand nombre de familles, profitant des douceurs de la paix, sollicitèrent l'admission de leurs enfans dans les écoles des sourds-muets, et la durée du cours d'instruction qui, jusque-là, avait été de dix, douze, et quatorze ans, fut limitée à une période beaucoup trop étroite : on n'accorda plus à l'école que cinq ou six années pour entreprendre et compléter une instruction, infiniment plus difficile que celle des enfans ordinaires.

Ces deux circonstances étaient certes bien suffisantes pour enrayer les succès de l'institution. Un fait nouveau les compromit bien davantage.

L'existence des ateliers ayant rendu plus lourde la responsabilité que l'administration de l'établissement faisait

---

* Non-seulement M. Saint-Sernin forma d'excellens élèves, mais encore des professeurs fort distingués ; nous nous permettrons de citer ici le nom du respectable abbé Goudelin, qui fut à Paris le successeur immédiat de l'abbé Sicard.

peser sur le chef de l'école, Saint-Sernin, que l'exercice
de l'autorité n'avait jamais enivré, n'hésita point à de-
mander la formation d'une commission administrative;
il trouvait dans cette mesure le moyen de consacrer, sans
partage, à l'enseignement, les forces qu'il avait conservées:
malheureusement il fut moins habile que l'abbé Sicard
ne l'avait été à Paris, il ne sut pas se réserver dans cette
commission la part d'action qui devait lui être légitime-
ment dévolue.

A Dieu ne plaise que nous voulions faire ici la critique
des administrateurs éclairés et consciencieux qui, durant
près d'un demi-siècle, ont géré avec tant de succès les
intérêts moraux et les intérêts matériels de ce bel établissement; n'eussent-ils à notre reconnaissance d'autre titre que d'y avoir introduit les filles de Dieu, dont la sagesse, le dévoûment et les lumières nous rendent chaque
jour des services si précieux, certes notre gratitude serait
à jamais acquise aux Martignac, aux Desèze, aux Laîné,
aux Saget, aux Ravez, et aux illustrations bordelaises qui
ont fait partie de ce conseil; mais sans porter aucune
atteinte à la réputation de ces hommes généreux, nous
pouvons dire que, comme ils n'avaient pas étudié les
sourds-muets, ils méconnurent les conditions hors des-
quelles l'éducation de ces enfans devient impossible. Frap-
pés des embarras momentanés que faisait naître dans
l'intérieur de l'établissement la présence de plusieurs
ménages, ces Messieurs ne se bornèrent pas à réprimer
les abus; une mesure extra-légale en exclut le corps ensei-
gnant tout entier. Ni l'aumônier, ni même l'instituteur
en chef ne purent trouver grâce devant la commission,
qui, pour la surveillance à exercer sur les élèves, les rem-
plaça par deux militaires en retraite.

Dès ce moment plus de rapports intimes entre les élèves

et les professeurs, plus de confiance mutuelle; le temps devait les rendre étrangers, à ce point que le langage des signes parlé dans l'intérieur des classes cesserait d'être compris des élèves, et que le langage dont ceux-ci font usage dans leurs relations journalières serait lettre-close pour les professeurs. Les liens de la famille étaient rompus : l'enseignement fut frappé de mort.

Sous un pareil ordre de choses les efforts de plusieurs instituteurs de mérite, l'esprit et l'érudition de mon vénérable prédécesseur furent et devaient être impuissans à relever l'enseignement du coup qui lui avait été porté.

Il eût fallu une plume plus exercée pour retracer dignement la vie de l'homme éminemment utile dont nous venons d'esquisser les travaux. *

L'un de ses disciples les plus distingués, M. Gard, professeur sourd-muet, dont l'Ecole déplorera long-temps la perte, cédant à l'impulsion de son cœur, laissait échapper ces lignes dans un mémoire qu'il m'adressait à Paris :

« C'est un devoir bien doux à mon cœur d'offrir à la mé-
» moire révérée de M. Saint-Sernin le tribut de ma pro-
» fonde et éternelle reconnaissance. Il m'a servi de père,
» il a conservé l'institution lorsqu'elle a été abandonnée
» de ses premiers bienfaiteurs; il a partagé avec nous le
» peu qu'il avait; aussi modeste qu'humain, il n'a jamais
» pensé qu'à notre utilité; dédaignant une vaine gloire
» que tant d'autres recherchaient avec empressement, il

---

* Sur une simple pierre tumulaire, incrustée dans le mur de clôture du cimetière de la Chartreuse, non loin du pavillon des gardes, on voit l'inscription suivante :

« Ci-gît Jean Saint-Sernin, etc.

» *L'école lui doit sa conservation et ses succès : il fut pendant*
» *trente ans le père des sourds-muets et ne songea qu'à être utile.*»

» nous a consacré en silence toute sa vie et toute sa for-
» tune. Quelle jouissance pour mon cœur de me rappeler
» mes premiers pas dans la carrière de l'instruction, et
» en même temps de les rapporter à l'ami généreux qui
» l.s a guidés et m'a aplani le chemin avec une habileté
» que je désespère d'atteindre. Il ne craignait pas d'entrer
» dans les détails les plus minutieux, si souvent dédaignés
» par l'orgueil des savans du jour, mais si précieux pour
» les sourds-muets. Ce n'étaient que des miettes de la
» vaste table des connaissances humaines; mais ces miet-
» tes étaient fécondes. »

Oui certes, Messieurs, ces miettes étaient fécondes,
puisqu'elles ont produit un homme aussi remarquable
que M. Gard; les sentimens qu'il exprimait si bien ho-
norent également et celui qui en est l'objet et le noble cœur
qui en était pénétré.

Saint-Sernin, accablé par l'âge et les infirmités, obtint,
en 1814, une retraite dont il ne devait jouir que bien peu
d'années * : il fut enlevé à sa famille le 9 Mai 1846. Sa
mort fut celle d'un véritable chrétien ; assisté à l'heure
suprême par un respectable ecclésiastique, qui avait été
son élève, son collaborateur, et son ami, la résignation,
la foi, et la piété dont il fit preuve, furent encore un exem-
ple et une leçon.

Il nous reste, Messieurs, peu de choses à ajouter. Saint-
Sernin, qui avait fait à l'institution le sacrifice de sa fortune, reçut alors de précieux témoignages de la gratitude
publique : l'administration de l'école fit les frais de ses fu-
nérailles, et la municipalité concéda gratuitement à ses
dépouilles la place qu'elles occupent au champ du repos.

Grâces soient rendues à ceux qui nous ont conservé les

---

* Voyez *in fine* les pièces justificatives.

traits de ce digne émule de l'abbé de l'Epée ! nos jeunes sourds-muets retrouvent, dans le portrait que nous avons placé sous vos yeux, le caractère moral que l'histoire lui a reconnu : précieux moyen de perpétuer d'âge en âge son souvenir dans le cœur de tous nos élèves. *

Le tribut volontaire que nous venons de payer à la mémoire du véritable fondateur de cette école, ne nous acquitte ni envers lui, ni envers une population éclairée et généreuse, dont nous avons su apprécier depuis six années les dispositions bienveillantes. Il n'est qu'un moyen de nous libérer d'une dette immense, qui ne pèse cependant point à notre cœur, c'est de consacrer sans partage à la prospérité de cette belle institution tout ce que la Providence nous a donné de force, de dévouement, et de vie.

---

* Ce portrait, peint par Berthon et donné par la famille Saint-Sernin, fut, sur la demande de M. Gautier, instituteur en second, M. Gard, instituteur adjoint, M.lle Emilie Lebreton et M.lle Marie Gruau, répétitrices, placé en 1836 dans la salle du conseil d'administration. La lithographie mise en tête de cette brochure est due à l'obligeance du petit-fils de M. Saint-Sernin, M. Louis Salomon, artiste d'un mérite distingué.

PIÈCES JUSTIFICATIVES.

La lettre que M. Saint-Sernin écrivit au Conseil d'administration, le 18 Mai 1814, et la délibération qui fut prise à cette occasion par MM. de Martignac père, Grassi, de Grammont, Teulière et Pontét fils, le 28 Juin suivant, justifient tout ce que nous venons d'avancer.

« MESSIEURS,

» Je viens de présenter un placet à S. A. R. M.gr le duc d'Angoulême, pour obtenir la retraite due à mes longs services et aux sacrifices que j'ai faits pour l'institution. Je le prie aussi d'avoir la bonté de rendre réversible à mes filles une partie au moins de la retraite qui me sera accordée, comme un dédommagement de leur patrimoine consumé pour le soutien des sourds-muets. *

» J'ai invoqué en ma faveur le témoignage de la commission administrative, et j'ai la ferme confiance, Messieurs, de le recueillir honorable. Votre équité et vos dispositions à mon égard me sont connues, et c'est ce qui fonde en partie l'espoir de mes démarches.

» Je joins ici une note sommaire des sacrifices pécuniaires que j'ai faits pour conserver cet établissement et qui peuvent entrer dans les motifs de votre recommandation.

» Permettez-moi, Messieurs, de vous faire observer qu'en appuyant de vos instances ma juste réclamation, vous servez l'établissement lui-même, et rattachez les instituteurs à leurs devoirs, par l'espoir d'une honorable récompense.

» Veuillez, Messieurs, etc.   *Signé* SAINT-SERNIN. »

NOTE.

« 1.º J'ai exercé sans traitement depuis 1785 jusqu'à 1793 ;

» 2.º Pendant onze ans j'ai fourni tout le mobilier ;

» 3.º Dans le cours de 1789 et 1790, j'ai eu dix élèves à ma charge ;

» 4.º Il m'est dû 900 fr. pour le loyer de la première maison qu'occupèrent les sourds-muets ;

» 5.º La comtesse de Merville avait souscrit pour un élève ; lors de son émigration, elle me devait trente-trois mois, à raison de 400 francs par an ;

» 6.º Depuis 1793 jusqu'en 1796, je n'ai reçu que des assignats tant pour les pensions des élèves que pour mon traitement ; il a fallu y suppléer à mes dépens ;

» 7.º Pour soutenir l'école j'ai fait deux fois le voyage de Paris ;

---

* La pension fut liquidée à 2,500 fr., dont 600 fr. réversibles sur les têtes de mesdemoiselles Saint-Sernin.

la première avec deux élèves ; les frais ne m'en ont jamais été remboursés ;

» 8.° Les réparations que j'avais fait faire à la maison que les sourds-muets occupent actuellement, ne m'ont été remboursées qu'en rescriptions d'un vil prix ;

» 9.° Pendant les sept derniers mois de l'an VII, dont les pensions sont encore dues, j'ai fourni aux menues dépenses journalières; pour cet objet et pour onze mois de mon traitement des années VII et VIII, j'ai été inscrit sur le grand livre. Des besoins pressans m'ont forcé de vendre en 1810, ma créance à vil prix ;

» 10.° Depuis 1785 jusqu'en 1799 (deux ans exceptés) j'ai exercé sans traitement particuliers les fonctions d'économe. »

Extrait des registres des délibérations de la commission administrative.

« . . . .

» Sur quoi les membres qui composent la commission ont unanimement reconnu, que M. Saint-Sernin, âgé de soixante-treize ans, est tombé dans un tel état d'infirmité, qu'il lui est devenu impossible de remplir ses fonctions ; qu'il ne peut plus même se faire transporter dans la maison de l'institution pour y donner ses leçons, en sorte que les enfans qui y sont élevés, aux frais du gouvernement, ne reçoivent pas, depuis quelque temps, toute l'instruction qui leur est due ;

» Qu'il résulte de cet état de choses, qu'il est urgent d'accorder à M. Saint-Sernin la retraite qu'il demande ;

» Que l'exposé fait par M. Saint-Sernin, dans son placet à S. A. R., des services par lui rendus à la maison d'institution, soit par l'enseignement depuis 1785, soit par les sacrifices qu'il a faits pour la soutenir, pendant que le gouvernement l'avait abandonnée, est de la plus exacte vérité ;

» Qu'il a employé sa fortune personnelle à faire subsister les élèves pendant qu'il ne recevait rien, qu'il a pourvu la maison de mobilier dont elle était entièrement dépourvue et a fait des élèves qui peuvent étonner par les connaissances qu'il leur a transmises.

» D'après ces considérations, la commission administrative a délibéré de joindre ses sollicitations à celles de M. Saint-Sernin, pour que Son Exc. M. le Ministre de l'intérieur veuille bien lui accorder sa retraite et le faire jouir du *maximum* de la pension que peut mériter un service de trente années dans une fonction bien pénible, et remplie avec autant de générosité que de zèle.